AF381504

LA BATAILLE DE LA MARNE

La première victoire des Alliés
ou la fin de la guerre de mouvement

Par Pierre-Luc Plasman
Sous la direction de Laure Delacroix

50MINUTES.fr

LA BATAILLE DE LA MARNE

INTRODUCTION

La bataille de la Marne marque le premier tournant décisif en faveur des Alliés sur le front occidental lors de la Première Guerre mondiale.

Depuis l'invasion allemande de la Belgique le 4 août 1914, les armées belge et française ainsi que le corps expéditionnaire anglais, la *British Expeditionary Force* (BEF), ne font que reculer devant l'armée allemande. Le général français Joseph Joffre ne perd cependant pas l'espoir de lancer une vaste contre-attaque. L'occasion se présente lorsque le général allemand Helmuth Johannes von Moltke ne se tient pas au plan initialement prévu et laisse se créer un espace entre ses armées. Dès le 6 septembre, une action combinée des Anglais et des Français permet aux soldats de se glisser dans la brèche, ce qui menace les positions allemandes.

L'armée allemande est donc arrêtée et est contrainte d'entamer le 10 septembre une retraite générale, alors qu'elle ne se trouve plus qu'à 50 kilomètres de Paris. Elle se replie alors au nord de l'Aisne où elle commence à se retrancher, marquant ainsi la victoire des Alliés qui est accueillie comme un miracle par l'opinion publique française.

La bataille de la Marne met un terme à la guerre de mouvement et laisse place à la guerre des tranchées, symbole du premier conflit mondial. Or, contrairement aux idées reçues, ce sont les opérations menées en 1914 qui ont causé les pertes les plus importantes de la guerre. La bataille de la Marne constitue donc également une désillusion, car les grands plans stratégiques ont échoué et la croyance en une victoire rapide s'est envolée.

DONNÉES-CLÉS

- **Quand ?** Du 6 au 12 septembre 1914
- **Où ?** Dans le Nord-Est de la France, entre Paris et Verdun (de part et d'autre de la Marne)
- **Contexte ?** La Première Guerre mondiale (1914-1918)
- **Belligérants ?** L'Angleterre et la France contre l'Empire allemand
- **Acteurs principaux ?**
  - John Denton Pinkstone French, maréchal anglais (1852-1925)
  - Joseph Joffre, général français (1852-1931)
  - Helmuth Johannes von Moltke, général allemand (1848-1916)
- **Issue ?** Victoire française
- **Victimes ?**
  - Camp allemand : environ 43 000 morts, 173 000 blessés et 40 000 disparus
  - Camp français : environ 21 000 morts, 122 000 blessés et 84 000 disparus
  - Camp anglais : environ 3 000 morts, 30 000 blessés et 4 000 disparus

CONTEXTE POLITIQUE ET SOCIAL

LES TENSIONS ENTRE LES PUISSANCES EUROPÉENNES AVANT 1914

La bataille de la Marne prend place au début de la Première Guerre mondiale. Le déclenchement de ce qui est rapidement appelé la Grande Guerre fait suite à un enchaînement de causes qui remontent au XIXe siècle.

L'étincelle provoquant le conflit se trouve dans l'ultimatum lancé par l'Empire austro-hongrois à la Serbie, le 23 juillet 1914. Cette attitude belliqueuse résulte de l'assassinat le 28 juin à Sarajevo du prince héritier, l'archiduc François-Ferdinand de Habsbourg (1863-1914), par un nationaliste serbe. Cet incident, dont les conséquences auraient pu rester au plan régional, se mue en conflit généralisé en grande partie à cause du jeu des alliances. Ce mécanisme diplomatique et militaire fonctionne comme un effet domino : les pays entrent en guerre les uns à la suite des autres suivant les accords qui les lient. À l'époque, deux alliances réunissent les plus grandes puissances européennes et visent notamment à s'assurer un soutien mutuel en cas d'agression :

- la Triplice ou Triple-Alliance, créée en 1882, regroupe l'Allemagne, l'Autriche et l'Italie ;
- la Triple-Entente, constituée en 1907, réunit quant à elle l'Angleterre, la France et la Russie.

Celles-ci se mettent en place progressivement en raison du contexte politique et social et des tensions qui existent entre les pays. Chacun redoute en effet de voir ses intérêts menacés par l'autre ou d'entrer en conflit avec lui. On constate en effet à la fin du XIXe siècle :

- une montée des nationalismes. Les sentiments nationaux s'exacerbent, car chacun se sent agressé par l'autre :
  - la France désire prendre sa revanche sur la Prusse depuis sa défaite lors de la guerre franco-allemande de 1870-1871, et ainsi récupérer l'Alsace et la Lorraine ;

- l'irrédentisme, mouvement nationaliste italien revendiquant les terres laissées à l'Autriche-Hongrie, est contrarié par l'attitude et les agissements de l'Autriche notamment dans les Balkans. L'Italie se sent dès lors frustrée au sein de la Triplice ;
  - en Allemagne, le rapprochement entre la France, l'Angleterre et la Russie éveille la crainte d'un encerclement. À l'inverse, le pangermanisme (doctrine visant à réunir tous les peuples germaniques ainsi que d'autres pays sous la domination allemande) et son aspiration à une Grande Allemagne suscitent la méfiance de l'Europe.
- l'ampleur prise par la question d'Orient (problématique relevant du morcellement de l'Empire ottoman et de la querelle qui en résulte en vue de dominer les Balkans). L'Empire ottoman est de plus en plus faible, provoquant non seulement l'indépendance des pays balkaniques, mais aussi la concurrence des nations européennes dans la gestion des services publics ottomans ainsi que dans l'exploitation des ressources naturelles, dont le pétrole.

La guerre franco-allemande de 1870 résulte des tensions croissantes entre le Second Empire français et la Prusse, qui réalise l'unification allemande par les armes à partir de 1864. En 1869, suite à la candidature de Léopold de Hohenzollern-Sigmaringen (prince de Hohenzollern, 1835-1905) au trône d'Espagne, Paris réclame le retrait de celle-ci au roi de Prusse, Guillaume Ier (1797-1888). Si celui-ci refuse poliment, le chancelier allemand Otto von Bismarck (1815-1898) dresse de sa réponse un compte-rendu humiliant, connu sous le nom de la « dépêche d'Ems », qui provoque la déclaration de guerre française le 19 juillet. Si les troupes françaises sont plus nombreuses, les généraux allemands sont bien plus aguerris et stratégiques, sans omettre la supériorité de leur artillerie équipée de canons *Krupp*. Les Français sont battus successivement et Napoléon III (empereur des Français, 1808-1873) capitule après la défaite de la bataille de Sedan, le 2 septembre. L'armistice est signé le 28 janvier 1871 et Guillaume Ier est proclamé empereur allemand dix jours plus tard à Versailles.

Au début du XXe siècle, on remarque :

- une opposition entre la Russie et l'Autriche dans la région des Balkans. Ces deux pays profitent de la faiblesse de l'Empire ottoman pour étendre leurs zones d'influence et obtenir un accès maritime au Sud. En effet, la Russie se considère comme protectrice du peuple slave et plus particulièrement de la Serbie, tandis que l'Autriche voit d'un mauvais œil le nationalisme serbe qui agite les minorités slaves au sein de l'empire et menace sa stabilité ;
- des tensions qui se créent entre l'Allemagne et la France au sujet des questions coloniales et plus particulièrement autour de celles se rapportant au Maroc. L'Allemagne tente en effet de freiner l'expansion française dans cette région. De plus, elle apporte en 1902 son soutien aux Boers (descendants des colons néerlandais en Afrique du Sud) lorsque l'Angleterre conquiert par la force leurs deux États ;
- la compétition économique plus vive au cours de la deuxième révolution industrielle. Les écarts entre les nations industrielles se réduisent et la recherche de nouveaux marchés

oppose l'Angleterre et l'Allemagne au Proche et au Moyen-Orient ;

- une course aux armements. L'Allemagne lance dès 1900 un programme naval visant à rivaliser avec la *Royal Navy*, tandis que la France adopte en 1913 la loi des trois ans, augmentant la durée du service militaire en vue d'aligner le même nombre de mobilisables allemands.

L'ENTRÉE EN GUERRE DES PUISSANCES EUROPÉENNES EN ÉTÉ 1914

L'idée qu'une guerre puisse éclater ne fait pas peur aux futurs belligérants, car ils gardent en mémoire les guerres napoléoniennes (1803-1815), relativement courtes et peu meurtrières. Ils ne se doutent pas de l'ampleur et de la destruction qu'un conflit généralisé peut engendrer au début du XXe siècle.

Toutes ces tensions conduisent à ancrer dans l'opinion publique et les cercles dirigeants – plus particulièrement en Allemagne – l'idée que la guerre est inévitable, voire profitable. L'acceptation d'un conflit armé s'en trouve dès lors facilitée au moment où la crise de juillet est déclenchée. Toutefois, la guerre n'est pas vraiment attendue : le mois de juillet 1914 n'est pas un moment d'ébullition et les nationalistes appelant aux armes restent fort peu nombreux. En effet, par le passé, les Européens ont déjà réussi à s'entendre en vue de prévenir les conflits, comme lors de la conférence de Berlin (1884-1885) à propos de la colonisation de l'Afrique, ou encore aux conférences de La Haye (1899 et 1907) qui ont permis de réglementer le droit de guerre. Néanmoins au cours de l'été 1914, les hommes d'État et les diplomates se montrent rapidement dépassés par les événements et les suivent sans parvenir à les infléchir.

Les conférences de La Haye ou conférences internationales de la Paix se réunissent pour la première fois en 1899 sur invitation du tsar russe Nicolas II (1868-1918). Elles ont pour but le désarmement et la prévention des conflits. Certaines armes ou techniques de guerre – comme les bombardements aériens, les gaz asphyxiants et les balles explosives – sont interdites. La Cour permanente d'arbitrage (visant à régler les querelles internationales) est également créée, mais les puissances n'y recourent pas. Une seconde conférence se réunit en 1907 sur invitation du président américain Theodore Roosevelt (1858-1919), qui institue l'obligation de lancer un ultimatum avant le déclenchement d'un conflit. Le droit humanitaire, ébauché lors de la convention de Genève de 1864, trouve son origine dans ces conférences.

Après l'attentat de Sarajevo, l'état-major autrichien voit l'opportunité de mater définitivement la Serbie. L'Autriche ne veut cependant pas agir sans le soutien de l'Allemagne. Celle-ci le lui accorde et l'encourage même, car son objectif est de conforter son principal allié, dont elle craint la désintégration. En outre, Guillaume II (roi de Prusse et empereur d'Allemagne, 1859-1941) croit fermement en la supériorité de son armée et en l'absence d'une intervention anglaise. Selon lui, la guerre ne pourra être que courte et limitée. Dès lors, l'Autriche adresse le 23 juillet un ultimatum à la Serbie. Les conditions inacceptables qui sont mises en avant n'ont qu'un seul but : son rejet.

Trois jours plus tard, l'Angleterre tente de mettre sur pied une conférence internationale pour régler le différend austro-serbe, mais Belgrade est bombardée le 28 juillet. La guerre vient de commencer. La Russie, qui ne peut laisser l'Autriche contrôler les Balkans, presse dès lors le tsar de mobiliser les troupes. Après quelques hésitations, celui-ci accepte. La logique des alliances est alors déclenchée. L'Allemagne exige de la Russie qu'elle fasse marche arrière, ce qu'elle refuse : Berlin mobilise à son tour le 1er août et déclare la guerre à la Russie. Par ailleurs, l'Empire allemand se montre prêt à agrandir son espace vital à l'Est. Immédiatement, Paris donne l'ordre de la mobilisation générale et a l'ambition de libérer l'Alsace-Lorraine, alors aux mains des Allemands. En réaction, l'Allemagne déclare la guerre à la France le 3 août. Le lendemain, les troupes allemandes attaquent la Belgique et la violation de sa neutralité marque l'entrée en guerre de l'Angleterre, qui ne peut accepter un bouleversement de l'équilibre européen. L'Italie, déçue par la Triplice, se déclare neutre et se rangera même, un an plus tard, aux côtés de la Triple-Entente.

ACTEURS PRINCIPAUX

JOHN DENTON PINKSTONE FRENCH, MARÉCHAL ANGLAIS

Sir John Denton Pinkstone French est un maréchal anglais. Comme son père, il entre dans la *Royal Navy*, mais il rejoint rapidement la cavalerie dont il devient un brillant officier. Il sert principalement à l'étranger : en Égypte, au Soudan et en Inde. Il s'illustre plus particulièrement lors de la guerre des Boers (1899-1902) où il participe à la prise de Pretoria (capitale administrative de l'Afrique du Sud). En 1907, il est inspecteur général de l'armée et devient chef de l'État-major général impérial en 1912. L'année suivante, il est élevé au grade de maréchal.

Avant que le premier conflit mondial n'éclate, il favorise les liens entre les puissances alliées en participant aux grandes manœuvres françaises (exercices militaires annuels qui impliquent de nombreux effectifs) et en invitant des délégations françaises et russes aux manœuvres anglaises de 1913.

Désigné pour commander le corps expédition-naire anglais (BEF) au début du conflit, il reçoit des instructions visant à maintenir une autonomie d'action vis-à-vis des Français. Lors de la retraite en août 1914, les relations sont tendues avec le général français Charles Louis Marie Lanrezac (1852-1925) qui ne le prévient pas de sa décision de reculer. Le BEF, déployé dans la région de Mons (Belgique), doit alors contenir seul l'avan-cée allemande et parvient à la retarder un mo-ment. Doutant des capacités des chefs français, il décide de rapatrier le BEF, mais le ministre de la Guerre lord Kitchener (1850-1916) refuse caté-goriquement et John Denton Pinkstone French se voit forcé de participer à la contre-offensive de Joseph Joffre sur la Marne. En décembre 1915, il lui est demandé de démissionner en raison notamment de divergences avec ses subalternes et avec le gouvernement à Londres. Anobli, il est fait vicomte puis comte d'Ypres en 1918 et est nommé lord-lieutenant en Irlande deux ans plus tard. Il se retire définitivement de ses fonctions en 1921 et meurt quatre ans plus tard.

JOSEPH JOFFRE, GÉNÉRAL FRANÇAIS

Joseph Joffre est un général français. Polytechnicien, il prend part à la défense de Paris lors de la guerre franco-allemande de 1870-1871 avant de participer à plusieurs campagnes coloniales. Nommé en 1911 chef d'État-major général, il favorise la création d'états-majors permanents et concentre ses efforts sur l'amélioration des services de l'arrière et des plans de mobilisation.

Commandant des armées du Nord et du Nord-Est en août 1914, il évite l'encerclement en procédant à un repli stratégique et sa contre-offensive sur la Marne permet de stabiliser le front. Pour arriver à ce résultat, il n'hésite pas à visiter fréquemment ses subordonnés et à renvoyer ceux qu'il considère comme incapables. Auréolé du titre de « vainqueur de la Marne », il devient à la fin de l'année 1915 le commandant en chef des armées françaises et croit toujours à la réussite d'une percée offensive. Ses plans d'attaque échouent cependant en Artois et en Champagne. En outre, il n'a pas su prévoir la réplique allemande à Verdun en 1916. Comme son caractère entier lui attire de plus en plus d'hostilité, le coût humain de cette bataille lui est reproché. Sa disgrâce vient à la fin de 1916 après l'échec de l'offensive sur la Somme. Il est remplacé par le général Georges Robert Nivelle (1856-1924), mais il est élevé au grade de maréchal de France. Désormais conseiller militaire du gouvernement français, il mène quelques missions à l'étranger, dont une aux États-Unis pour préparer l'arrivée des troupes américaines en France. Le 14 juillet 1919, il ouvre avec le maréchal Philippe Pétain (1856-1951), successeur de Robert Nivelle, le défilé de la Victoire. Il est élu à l'Académie française en 1918 et meurt en 1931.

HELMUTH JOHANNES VON MOLTKE, GÉNÉRAL ALLEMAND

Helmuth Johannes von Moltke dit le Jeune est un général allemand. Son oncle, le maréchal Helmuth von Moltke dit l'Aîné, est l'artisan militaire de l'unification allemande et de l'écrasement de la France en 1870.

Il entre dans l'infanterie et passe en 1880 à l'État-major général. Il devient l'aide de camp de Guillaume II et dirige pendant quelque temps une division avant de repasser à l'État-major général. En 1906, il en prend le commandement et succède au général Alfred von Schlieffen (1833-1913) dont il reprend en grande partie le plan pour l'invasion de la France.

Au début de l'année 1914, il estime le moment favorable pour lancer une guerre et pousse Guillaume II à exploiter militairement la crise résultant de l'assassinat de François-Ferdinand de Habsbourg. Comme chef de guerre, Helmuth von Moltke manque cependant d'assurance et son quartier général installé au Luxembourg est trop éloigné du front pour qu'il soit correctement renseigné. En outre, il transfère avant l'attaque de la Marne deux corps d'armée sur le front oriental. Malade de surcroît, il ne dirige pas réellement les opérations et laisse une large autonomie à ses subordonnés qui commettent plusieurs erreurs. Début septembre, les généraux allemands mal coordonnés laissent s'ouvrir une brèche entre leurs armées et permettent ainsi la contre-attaque du général français Joseph Joffre.

Dans les faits, son commandement lui est retiré dès le 14 septembre 1914, même si le général

Erich von Falkenhayn (ministre de la Guerre prussien, 1861-1922) ne reprend officiellement ses fonctions qu'en novembre. Il est alors nommé chef d'état-major des forces intérieures. Il meurt d'une crise cardiaque en 1916.

ANALYSE DE LA BATAILLE

LES PLANS DE GUERRE ALLEMAND ET FRANÇAIS

Au vu du climat de tension et de méfiance d'avant-guerre, les états-majors allemand et français n'ont pas attendu l'été 1914 pour échafauder des plans d'attaque. Toutefois, ces stratégies ont été conçues pour mener une guerre courte et rapide, comme il en existait avant la Première Guerre mondiale. Les plans offensifs les plus importants sont :

- le plan Schlieffen du côté allemand. La tactique la plus élaborée est celle du maréchal Alfred von Schlieffen, considéré comme l'un des plus brillants esprits militaires de son temps. Pensé à partir de 1898, le plan consiste à battre en quelques semaines la France avant de se retourner contre la Russie, jugée plus lente à se mobiliser. Le maréchal préconise que les armées allemandes forment une puissante aile marchante qui traversera la Belgique et dépassera l'armée française avant de l'encercler. C'est en suivant ce plan que les armées allemandes sont disposées en août 1914. Les Ire et IIe armées allemandes – qui contiennent presque 600 000 hommes – forment ainsi l'aile marchante devant laquelle l'armée belge ne peut faire le poids avec ses 117 000 soldats. En théorie, elles doivent entamer un mouvement tournant après avoir dépassé l'armée française en vue de l'encercler en la coinçant à la frontière avec l'Allemagne et la Suisse. Les IIIe et IVe armées impériales doivent elles attaquer via le sud de la Belgique et le Luxembourg. Enfin, les Ve, VIe et VIIe armées ont pour mission de défendre l'Alsace et la Lorraine ;

- le plan XVII du côté français. Adopté en avril 1913, il est conçu par les adjoints de Joseph Joffre pour mener une offensive et est le 17e plan élaboré par l'état-major. Au début du XXe siècle, la doctrine militaire française se focalise sur les forces morales et sur l'audace des troupes pour mener des attaques. En effet, la puissance de feu n'a jamais été aussi grande qu'en ce jour et les généraux sont convaincus de la supériorité de l'attaquant sur le défenseur.

- La stratégie française relève donc d'une grande simplicité et vise à remporter une bataille décisive en Lorraine. Pour ce faire, l'armée doit se déplacer selon deux axes – à gauche au nord d'une ligne Verdun-Metz, à droite entre Vosges et Moselle – avant de se réunir pour porter le coup final. Seule la 5e armée se place à gauche de ce dispositif pour parer à une attaque allemande par la Belgique.

Selon toute vraisemblance, les parties adverses connaissent les grandes lignes des plans de leurs adversaires, mais on estime du côté français que les forces allemandes ne seront pas assez nombreuses pour réaliser leur manœuvre.

Alors que les débuts des opérations sont favorables pour les deux camps, des événements imprévus viennent mettre à mal les plans initiaux : les Allemands sont attaqués plus rapidement que prévu par les Russes et observent avec inquiétude l'entrée en guerre de l'Angleterre ; les Français, eux, échouent dans leur attaque sur l'Alsace-Moselle et assistent au déferlement des Ire et IIe armées impériales par la Belgique.

L'INVASION DE LA BELGIQUE ET LA BATAILLE DES FRONTIÈRES

À la grande surprise de Berlin, la Belgique, puissance neutre, rejette son ultimatum. Pour assurer la défense du royaume, trois villes fortifiées – Anvers, Liège et Namur – gardent non seulement les fleuves, mais aussi les routes et les chemins de fer du pays. C'est sans compter l'utilisation systématique par les Allemands d'un nouvel obusier dont le calibre mesure 420 millimètres de diamètre, mieux connu sous le nom de « grosse Bertha ».

Sur la ligne de marche de la IIe armée allemande, Liège et Namur tombent respectivement le 17 et le 24 août. Le reste de l'armée belge se replie alors sur Anvers. C'est à ce moment qu'Helmuth Johannes von Moltke commet sa première erreur. Préoccupé par la situation sur le front oriental, il décide de transférer deux corps d'armée pour combattre les Russes. En outre, trois autres corps sont détachés : l'un pour contenir l'armée belge à Anvers, un autre pour occuper Bruxelles et un dernier pour assiéger Maubeuge. La puissante aile marchante est ainsi amputée d'un septième de ses effectifs.

De son côté, le général français Joseph Joffre ne se soucie pas des événements qui animent la Belgique, trop occupé par la préparation de l'offensive en Lorraine. Le 14, deux armées sont lancées vers Sarrebourg (en Moselle), tandis que deux autres partent le 22 en direction des Ardennes. Le corps expéditionnaire anglais, composé de 100 000 soldats professionnels et bien entraînés, débarque en France entre le 11 et le 17, et se dirige ensuite vers la Belgique où les Allemands ne prennent conscience de sa présence qu'aux alentours du 22.

La bataille des frontières débute alors et prend place sur quatre terrains d'opérations distincts : en Lorraine, dans les Ardennes, à Charleroi et à Mons.

En Lorraine, les 1re et 2e armées françaises progressent rapidement en Allemagne et atteignent Sarrebourg le 18. Mais les forces allemandes ont été sous-estimées et, si celles-ci reculent, c'est uniquement dans le but de former un bloc compact. En supériorité numérique et disposant d'une meilleure artillerie, les VIe et VIIe armées allemandes passent à l'offensive le 20 et écrasent les Français qui se replient trois jours plus tard sur la Meurthe (rivière de Lorraine). Les Allemands commettent alors à leur tour une erreur en poursuivant l'offensive. En effet, contrairement à ce qu'Alfred von Schlieffen avait préconisé, Helmuth Johannes von Moltke permet la poursuite de l'attaque, qui échoue devant le retranchement français le long de la rivière.

Le 21, les 3e et 4e armées françaises reçoivent l'ordre d'attaquer par les Ardennes en direction d'Arlon et de Neufchâteau. Face à eux se trouvent les IVe et Ve armées allemandes qui sont de même force (huit corps d'armée), mais l'avantage se situe de leur côté. Non seulement la région forestière ne se prête pas à l'attaque, mais en plus le mouvement des armées françaises a été repéré. Or celles-ci ignorent où se situent les armées ennemies. Disposées en échelon, les corps français exposent leur flanc gauche à l'attaque et si le corps le plus au nord de la formation vient à s'effondrer, l'ensemble du dispositif se disloquerait. C'est précisément ce qui se produit le 22 août. Les pertes sont considérables : le corps colonial, le plus aguerri de tous, perd 11 000 de ses 15 000 hommes dans des charges à la baïonnette survenues dans la forêt contre un tir nourri de mitrailleuses. Le plan XVII est un échec, mais

Joseph Joffre exige que l'offensive soit poursuivie. Néanmoins, dès le 24 août, les 3e et 4e armées se replient derrière la Meuse.

Au même moment, la 5e armée de Charles Louis Marie Lanrezac se déploie entre Charleroi et Dinant (villes de Belgique), soit dans l'angle formé par la Meuse et la Sambre. Elle doit entrer en contact avec la 4e armée et le BEF qui se dirige vers Mons. Mais ils ne parviennent pas à prendre tous les ponts sur la Sambre et les Allemands s'infiltrent. Le général français ordonne alors de reprendre ces positions, mais l'entreprise se solde à nouveau par un échec : les pertes sont importantes et les Français reculent de 11 kilomètres. Le contact avec la 4e armée est dès lors rompu tandis que la liaison avec le BEF n'a pas été réalisée. Charles Louis Marie Lanrezac décide alors de se replier dans la soirée du 23 sans prévenir son homologue anglais John Denton Pinkstone French, qui protège le côté gauche de la 5e armée française.

De son côté, le BEF se déploie le long du canal Mons-Condé et les soldats britanniques, forts de l'expérience de la guerre des Boers, creusent des tranchées et usent avec dextérité de leurs fusils à répétition. Ils tiennent la position, mais doivent finalement se replier au risque de se faire encercler. Le 26 août dans la commune française de Le Cateau, le 2ᵉ corps britannique affronte 140 000 soldats allemands et le BEF perd presque 10 % de ses hommes.

LA BATAILLE DE LA MARNE

L'erreur allemande

Les trois premières semaines de la guerre sont marquées par des succès notables pour l'Allemagne, car toutes les armées françaises se replient. Toutefois, les soldats des deux camps sont grandement éprouvés par les combats, la chaleur, les marches forcées et la faim. Par ailleurs, à mesure que les Allemands avancent dans le territoire français, ils s'éloignent de leurs lignes de communication et le ravitaillement en est rendu plus difficile. La situation est tout autre pour les Français, ce qui permet à Joseph Joffre – qui parvient à garder tout son calme – de concentrer de nouvelles troupes et de créer de nouvelles armées. Toutefois, mécontent de ses subalternes, il n'hésite pas à renvoyer Charles Louis Marie Lanrezac et

Pierre Xavier Emmanuel Ruffey (1851-1928), ainsi que neuf généraux de corps d'armée et 33 divisionnaires. La plupart d'entre eux sont assignés à Limoges, ce qui donnera naissance au néologisme « limoger », qui signifie « être relevé de son commandement ».

Malgré les nombreuses difficultés, les armées allemandes progressent en France : la Ire armée d'Alexander von Kluck (1846-1934), la IIe de Karl von Bülow (1846-1921) et la IIIe de Max von Hausen (1846-1922) se placent entre Verdun et Amiens. Le 2 septembre, des avant-gardes atteignent Meaux, à 50 kilomètres de Paris. Le même jour, le gouvernement français quitte la capitale pour se réfugier à Bordeaux et laisse le soin au général Joseph Gallieni (1849-1916) de défendre la Ville lumière.

Simultanément, Alexander von Kluck reçoit l'ordre d'Helmuth Johannes von Moltke de se placer en échelon avec l'armée de Karl von Bülow pour couper la route de Paris. Croyant les troupes franco-britanniques en déroute, Alexander von Kluck poursuit la 5e armée et le BEF. Mais en prenant la direction du Sud-Est, il s'écarte du plan Schlieffen qui prévoyait d'envelopper Paris par l'ouest et renforce sans le savoir la position de Joseph Joffre. Une brèche se crée alors entre l'armée d'Alexander von Kluck et Paris dans laquelle le général français peut disposer des troupes transférées de Lorraine – la nouvelle 6ᵉ armée – pour attaquer le flanc de l'armée allemande. En outre, dans sa progression vers la Marne, Alexander von Kluck se distancie de l'armée de Karl von Bülow et une nouvelle brèche se crée dans la région de Charly-Petit-Morin. La situation devenue rapidement critique est imputable à Johannes von Moltke et à l'autonomie qu'il désire laisser à ses chefs d'armée alors que les opérations de la Grande Guerre nécessitent une excellente coordination, ce qu'il ne peut faire depuis son quartier général de Luxembourg.

Les préparatifs de la bataille

L'inflexion du mouvement allemand ne passe pas inaperçue et Joseph Joffre réunit à l'ouest de la Ville lumière la garnison de Paris, le BEF ainsi que les 5ᵉ et 6ᵉ armées. À la droite du dispositif se place la nouvelle 9ᵉ armée confiée au général Ferdinand Foch (1851-1929). Néanmoins, la participation du BEF reste incertaine. En effet, John Denton Pinkstone French télégraphie le

31 août au ministre de la Guerre lord Kitchener son intention de rapatrier le BEF en Angleterre en raison de la perte de la confiance qu'il avait dans les généraux français. Immédiatement, lord Kitchener gagne la France et use de son ascendant pour obliger le maréchal anglais à coopérer avec Joseph Joffre.

Le généralissime français décide d'attaquer le 6 septembre. Le plan est le suivant : la 6e armée doit traverser un affluent de la Marne, l'Ourcq, pour prendre à revers la Ire armée d'Alexander von Kluck. Au même moment, les 5e et 9e armées avec l'aide du BEF devront cesser de battre en retraite entre Meaux et Cézanne. Le BEF et la 5e armée devront attaquer pour élargir l'espace situé entre la Ire armée allemande et l'armée de Karl von Bülow, tandis que la 9e armée devra arrêter celle de Max von Hausen dans les marais de Saint-Gond (sud-ouest de la Marne).

La veille, Helmuth Johannes von Moltke transmet également ses ordres et admet l'échec de l'encerclement. Les armées d'Alexander von Kluck et de Karl von Bülow sont assignées à une position défensive devant Paris, tandis que celle de Max von Hausen doit progresser vers l'aval de la Seine. Les IVe et V[e] armées attaqueront quant à elles au Sud-Est pour permettre aux VIe et VIIe armées de franchir la Moselle et d'achever l'encerclement des Français.

En théorie, les premiers jours de septembre sont les plus cruciaux pour les Allemands puisqu'ils sont censés obtenir la victoire sur le front occidental. Toutefois, sur le terrain, les positions des armées allemandes sont à l'exact opposé de celles prévues par le plan Schlieffen.

Des combats acharnés

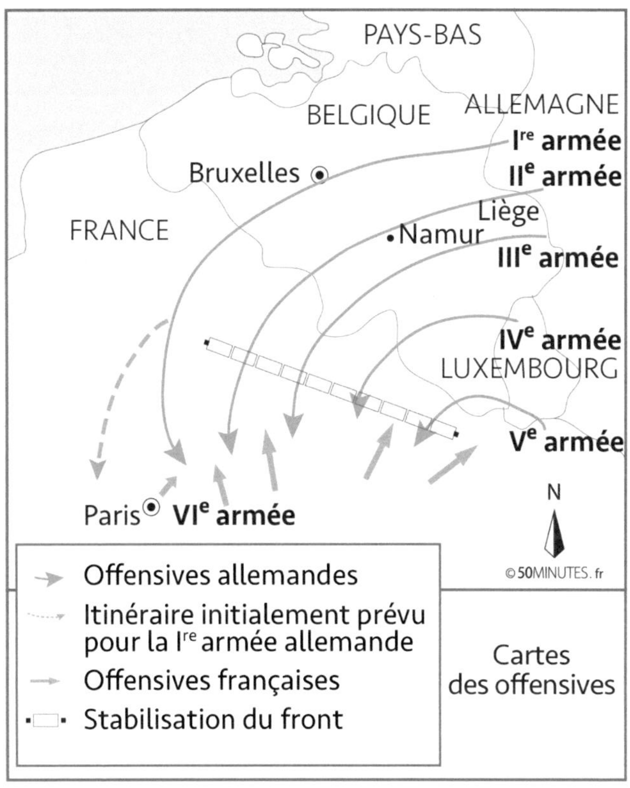

Le champ de bataille s'étend sur presque 200 kilomètres où s'affrontent plus d'un million d'hommes dans chaque camp. L'issue reste indécise jusqu'au 8 septembre :

- à l'Est, les IVe et V^e armées allemandes attaquent Nancy et Verdun, mais l'empereur allemand assiste à la défaite de ses troupes ;
- entre-temps, la 6e armée du maréchal français Joseph Maunoury (1847-1923) s'aligne sur l'arrière de la Ire armée adverse dont les troupes sont plus aguerries que celles des Français, constituées principalement de réservistes. Le général allemand ne cesse de contre-attaquer et empêche le maréchal français de gagner du terrain. Le 7 septembre, 600 à 700 taxis réquisitionnés par Joseph Gallieni déposent entre 4 000 et 6 000 soldats de la garnison de Paris sur le front. Cet apport n'a pas été décisif, mais l'épisode des « taxis de la Marne » appartient désormais à la légende et participe au symbole de la résistance française ;
- si au soir du 8, Alexander von Kluck pense pouvoir encercler la 6e armée française, il se détache complètement de l'armée de Karl von Bülow. Or le 7, ce dernier a réorganisé son dispositif et a basculé son aile droite au Nord. Dorénavant,

les trois armées allemandes sont séparées :
celle d'Alexander von Kluck se trouve au nord
de la Marne, celle de Karl von Bülow au sud de
la rivière et celle de Max von Hausen dans les
marais de Saint-Gond ;

- dans les marais, la 9e armée de Ferdinand Foch
est chargée de repousser l'armée allemande
au-delà de la Marne. Les combats qui s'y
produisent les 6 et 7 septembre sont féroces,
mais ne donnent aucun résultat. Le général
allemand, persuadé que les Français sont af-
faiblis, lance peu avant l'aube du 8 une attaque
à la baïonnette qui permet de repousser les
Français sur cinq kilomètres. À la suite de ces
événements, Ferdinand Foch rédige le message
suivant devenu célèbre : « Mon centre cède, ma
droite recule, situation excellente. J'attaque. »
(« À l'Académie française : réception de M. le
Maréchal Foch », in *La Revue hebdomadaire*,
n°1, 3, janvier 1920, p. 361) ;

- la journée du lendemain se révèle décisive.
Avec l'aide de renforts de la 5e armée,
Ferdinand Foch rétablit la situation et parvient
même à lancer une contre-attaque. L'armée
d'Alexander von Kluck, qui est séparée de celle
de Karl von Bülow de près de 65 kilomètres,

garde l'initiative et peut encore encercler l'armée de Joseph Maunoury. L'avantage est donc du côté allemand, mais, à 14 heures, l'offensive est interrompue par un ordre de retraite qui vient d'arriver.

L'ordre de retraite

En effet, la veille, le général allemand Helmuth Johannes von Moltke avait dépêché le lieutenant-colonel Friedrich Heinrich Richard Hentsch (1869-1918) pour être informé de la situation. Karl von Bülow affirme à ce dernier que sa position difficile peut être exploitée par les armées franco-britanniques et recommande donc un repli des positions les plus avancées au-delà de la Marne. Le lendemain, Karl von Bülow prévient les autres généraux allemands qu'il commence à se retirer. Par conséquent, ces derniers n'ont d'autre choix que de suivre le mouvement et Helmuth Johannes von Moltke est obligé de réaligner sa défense et de faire reculer les IVe, V^e et VIe armées. Sur près de 400 kilomètres, les Allemands reculent de 50 kilomètres, créant des nouvelles lignes de front derrière l'Aisne ainsi qu'entre Verdun et Noyon.

Les pertes pour la seule bataille de la Marne sont difficiles à évaluer. Le nombre de 250 000 tués dans le camp français englobe le conflit, mais aussi la bataille des frontières. Certains historiens ont toutefois tenté d'estimer les victimes et avancent :

- pour le camp allemand, environ 43 000 morts, 173 000 blessés et 40 000 disparus ;
- pour le camp français, environ 21 000 morts, 122 000 blessés et 84 000 disparus ;
- pour le camp anglais, environ 3 000 morts, 30 000 blessés et 4 000 disparus.

RÉPERCUSSIONS DE LA BATAILLE

VERS LA GUERRE DES TRANCHÉES

La Marne, une victoire sans suite

Les premiers mois de la guerre sont les plus meurtriers avec en moyenne près de 60 000 morts par mois. À la fin de l'année 1914, le BEF a perdu presque 80 % de ses effectifs, obligeant l'Angleterre à adopter la voie de la conscription (c'est-à-dire l'obligation de servir dans l'armée). Les officiers français d'active ont presque tous été décimés. Par conséquent, lorsque l'on parle aujourd'hui du « miracle de la Marne », c'est à n'y rien comprendre. L'expression, postérieure à l'événement, se retrouve pour la première fois dans un article de l'académicien Maurice Barrès (1826-1923) en décembre 1914. Si le terme est interprété littéralement par les milieux chrétiens, il traduit surtout le soulagement d'une population devant un retournement de situation inattendu.

Sur le terrain, Joseph Joffre croit en la possibilité d'une victoire décisive en contournant l'armée allemande par la droite près de Noyon et en la coupant de ses lignes de ravitaillement. Mais les Allemands, entraînés à créer rapidement des retranchements, ont modifié leurs positions et se trouvent désormais derrière l'Oise et l'Aisne. Leur système défensif est constitué de plusieurs lignes de tranchées reliées par des sapes de communication et hérissées de fils barbelés au-devant d'elles. La fortification des nouvelles positions allemandes est le dernier ordre donné par Helmuth Johannes von Moltke, mais le repli stratégique amorcé par ses subordonnés lui est fatal.

La course à la mer

Épuisées par les combats sur la Marne, les troupes franco-britanniques se lancent pourtant à l'assaut des positions allemandes et se brisent sur leurs défenses. Leur situation est rendue d'autant plus critique que les munitions viennent à manquer. Peu à peu, le visage de la Grande Guerre commence à se dessiner sous la forme de la guerre des tranchées. Après cette première bataille de l'Aisne (14-18 septembre) et durant le mois d'octobre, chaque camp tente de prendre à revers l'armée adverse. Ces tentatives réalisées par l'aile droite allemande et par l'aile gauche française étirent le front vers la mer du Nord. Même si l'objectif de telles opérations n'est pas d'atteindre la mer, elles ont pris le nom de « course à la mer ».

La bataille d'Ypres et la stabilisation du front

Le front se stabilise à partir de la frontière suisse jusqu'à la mer du Nord et les tranchées permettent d'économiser des forces pour réunir de nouvelles troupes en vue d'un assaut. Le champ de bataille se déplace en Belgique dans la région d'Ypres.

Le général allemand Erich von Falkenhayn désire en finir avec l'armée belge protégée par la forteresse d'Anvers et, le 1er octobre, les défenses extérieures tombent. Deux jours plus tard, ce ne sont pas moins de 12 000 *Royal Marines* qui arrivent en renfort. L'envoi de ce contingent est l'idée de Winston Leonard Spencer Churchill, premier lord de l'Amirauté (1874-1965), qui se rend personnellement dans la métropole anversoise. La ville capitule pourtant le 9 octobre et l'armée belge se replie derrière l'Yser. Elle est rejointe par les forces franco-britanniques pour arrêter les armées allemandes. De son côté, Erich von Falkenhayn veut à la fois créer une percée pour prendre Paris et faire ployer la France et d'autre part occuper les ports et empêcher l'arrivée de renforts anglais. Les divisions belges réduites à 60 000 hommes parviennent à tenir un secteur de 15 kilomètres, mais perdent un tiers de leur effectif. Sous l'ordre du roi des Belges Albert Ier (1875-1934), les sapeurs ouvrent les écluses à Nieuport (ville côtière de Belgique). Le 29 octobre, la plaine de l'Yser est inondée, formant une ligne de défense temporaire entre Nieuport et Dixmude (villes belges). Toutefois, les combats continuent à faire rage dans le secteur d'Ypres opposant les armées de John Denton Pinkstone French et de Ferdinand Foch à la VIe armée allemande. À nouveau, l'artillerie allemande se montre redoutable, même si l'habileté anglaise au fusil est tout aussi meurtrière. La situation est défavorable pour les Alliés jusqu'au 10 novembre. Toutefois, les inondations, la pluie, la neige et l'épuisement des troupes entraînent l'abandon de l'offensive allemande le 13 novembre.

Dès lors, les lignes de front ne bougeront guère jusqu'en 1918 et le front occidental sera marqué par d'autres batailles, telles que celles de Verdun (février-décembre 1916), de la Somme (juillet-novembre 1916) et du Chemin des Dames (avril-octobre 1917).

Les batailles de Verdun, de la Somme et du Chemin des Dames sont trois grandes offensives qui évoquent dans la mémoire collective la dureté des combats de la Première Guerre mondiale.

- La bataille de Verdun est une offensive allemande débutée en février 1916 et qui s'achève en décembre de la même année. Environ 300 000 Français et Allemands perdent la vie dans un combat d'une violence jusqu'alors inédite.
- La bataille de la Somme est une offensive franco-britannique qui a lieu entre les mois de juillet et de novembre 1916.

Pendant six semaines, les forces alliées grignotent du terrain sans faire céder le front allemand. À partir du mois d'août, leur objectif est de maintenir une forte pression sur l'armée adverse. Le bilan est lourd : les Allemands perdent environ 650 000 hommes, les Anglais 420 000 et les Français 195 000.

* Le Chemin des Dames est une offensive déclenchée par le général Robert Nivelle le 16 avril 1917 dans le but de réaliser une percée pour casser l'immobilisme des tranchées. L'attaque est un désastre – on dénombre environ 35 000 morts en une semaine –, mais le général français s'obstine et ne veut pas abandonner. Des mutineries éclatent dans les rangs et leur répression est très forte. Devant la situation catastrophique, Robert Nivelle est remplacé par Philippe Pétain, qui s'attache d'abord à améliorer la situation des troupes. Celui-ci mène finalement une offensive bien coordonnée en octobre 1917 qui aboutit à la victoire de la Malmaison le 24 du même mois.

Les crimes de guerre

Le 12 septembre, à la fin de la bataille de la Marne, Reims est reprise par les Français, mais la ville est soumise à un bombardement pendant plusieurs jours tuant notamment 700 civils. En infraction avec les lois de la guerre, l'artillerie allemande n'hésite pas à endommager volontairement la cathédrale gothique où ont été couronnés les rois de France. Cet acte apporte à la propagande alliée une nouvelle preuve de la barbarie teutonne, car les bâtiments historiques, témoins de l'histoire et de la culture, sont légalement considérés comme inviolables.

Très vite, la Première Guerre mondiale représente pour les contemporains une lutte entre la civilisation et la barbarie. L'Angleterre s'engage d'ailleurs dans le conflit non parce qu'elle participe solidairement à la Triple-Entente, mais parce que l'Allemagne a transgressé le droit international en attaquant la Belgique. L'idée d'une *Poor Little Belgium* (« pauvre petite Belgique ») connaît un grand succès et la mobilisation des esprits par la propagande est aussi intense que les combats.

Indéniablement, les armées allemandes ont commis des atrocités en Belgique en 1914. Surpris par la résistance de l'armée belge et sous le coup d'un été très chaud, le stress des Allemands ne fait qu'augmenter et renforce la crainte d'être pris sous le feu de francs-tireurs comme en 1870. Croyant être attaquées par des civils, des unités commettent des actes irréparables dans les premiers jours de la guerre : 211 personnes sont exécutées à Andenne, 384 à Tamines et 612 à Dinant. Le 25 août, la ville universitaire de Louvain – dont sa riche bibliothèque – est incendiée.

En 1915, l'exécution d'Edith Louisa Cavell (1865-1915), une infirmière d'origine anglaise impliquée dans la résistance belge, soulève l'indignation générale et favorise le programme de recrutement anglais. De son côté, l'Allemagne tente également de décrocher des victoires dans cette lutte de propagande en dénonçant l'exécution du consul irlandais Roger Casement (1864-1914), qui avait négocié l'appui logistique et militaire de l'Allemagne dans le soulèvement irlandais contre l'Angleterre en 1916. La mobilisation des esprits joue ainsi un rôle non négligeable pour faire tenir le moral des troupes, mais surtout celui de l'arrière du front, qui doit participer au gigantesque effort de guerre. Plus encore, la victoire morale permet d'attirer les puissances neutres dans son camp, en particulier les États-Unis. L'Allemagne perd rapidement sur ce terrain et devient par la suite la seule responsable de la Première Guerre mondiale. Mise au ban des nations, elle est humiliée au sortir de la guerre et l'attitude des vainqueurs ne fait que semer les germes de la Seconde Guerre mondiale (1939-1945).

EN RÉSUMÉ

1914

7-23 août : Bataille des frontières

2 sept. : Les Allemands sont à 50 km de Paris

6 sept. : Début de la bataille de la Marne

7 sept. : Opération des « taxis de la Marne »

9 sept. : Retraite allemande

12 sept. : Fin de la bataille de la Marne

14-18 sept. : Bataille de l'Aisne

9 oct. : Capitulation d'Anvers

29 oct. : Inondation de la plaine de l'Yser

13 nov. : Stabilisation du front

- La Première Guerre mondiale résulte de causes profondes et immédiates, parmi lesquelles il faut souligner en particulier les tensions économiques, politiques et coloniales entre les puissances européennes, sans oublier la constitution d'alliances suscitée par la peur d'être agressé par les pays rivaux. Toutefois, l'étincelle qui déclenche le conflit est l'assassinat de l'héritier de l'Autriche-Hongrie à Sarajevo le 28 juin 1914.

- Si la guerre semble évitable, elle pourrait du moins se limiter à une échelle régionale. Toutefois, politiques et diplomates laissent glisser les événements vers un embrasement généralisé. La logique des alliances joue dès lors comme un effet domino et de nombreux États se déclarent la guerre les uns à la suite des autres.
- Les états-majors allemand et français avaient prévu de longue date des plans d'attaque. Les Français décident d'attaquer par l'Alsace-Lorraine, tandis que les Allemands prévoient de traverser la Belgique pour prendre à revers les armées françaises.
- La Belgique est attaquée dès le 4 août ; l'armée belge se replie rapidement vers Anvers. Quant aux troupes françaises et au corps expéditionnaire anglais, ils sont battus sur la Sambre et à Mons. Le 24 août, la bataille des frontières est remportée par l'Allemagne.
- Les armées françaises ont également échoué dans leurs offensives dans les Ardennes et vers

la Sarre, mais elles s'accrochent à la Meurthe.

- Le commandement allemand commet alors des erreurs en retirant des troupes de son aile marchante et en laissant se créer des brèches entre les différentes armées.

- Le général Joseph Joffre, ayant perçu la faiblesse du dispositif allemand, saisit l'occasion pour tenter d'élargir les espaces entre les armées allemandes et de les encercler. Le général Helmuth Johannes von Moltke, qui est au Luxembourg, est alors incapable d'avoir une vue d'ensemble et de coordonner ses troupes.

- Le 9 septembre, les armées allemandes sont obligées d'engager une retraite derrière la Marne alors qu'elles n'étaient qu'à 50 kilomètres de Paris.

- Après une tentative entre septembre et octobre pour débloquer la situation, les positions des deux armées restent figées pendant presque quatre années, amorçant ainsi la guerre des tranchées.

- Les premiers mois de la guerre sont marqués par le déferlement de la brutalité. Contrairement à une idée reçue, les batailles des frontières et de la Marne sont les plus meurtrières du conflit.

- Les civils ne sont pas épargnés, et ce malgré les lois de la guerre. L'armée allemande commet des actes irréparables en Belgique et dans le Nord de la France, martyrisant des villes entières, commettant des massacres et détruisant des monuments.

POUR ALLER PLUS LOIN

SOURCES BIBLIOGRAPHIQUES

- AUDOIN-ROUZEAU (Stéphane) et BECKER (Jean-Jacques), *Encyclopédie de la Grande Guerre 1914-1918*, Paris, Bayard, 2004.

- BECKER (Jean-Jacques), « La bataille de la Marne ou la fin des illusions », in *Les collections de L'Histoire*, n°21, octobre-décembre 2003, p. 32-36.

- BECKER (Jean-Jacques), *Dictionnaire de la Grande Guerre*, Bruxelles, André Versaille, 2008.

- CONTAMINE (Henri), *La victoire de la Marne. 9 septembre 1914*, Paris, Gallimard, 1970.

- COCHET (François) et PORTE (Rémy), *Dictionnaire de la Grande Guerre 1914-1918*, Paris, Robert Laffont, 2008.

- DUROSELLE (Jean-Baptiste), *La Grande Guerre des Français (1914-1918)*, Paris, Perrin, 1994.

- FERRO (Marc), *La Grande Guerre 1914-1918*, Paris, Gallimard, 1969.

- GAMBIEZ (Fernand) et SUIRE (Maurice), *Histoire de la Première Guerre mondiale. Crépuscule sur l'Europe*, t. I, Paris, Fayard, 1968.

- HIRSCHFELD (Gerhard), KRUMEICH (Gerd), RENZ (Irina), PÖHLMANN (Markus), *Enzyklopädie Erster Weltkrieg*, Paderborn, Schöningh, 2004.

- KEEGAN (John), *La Première Guerre mondiale*, Paris, Perrin, 2003.

- « La bataille de la Marne », in *À la une. Les grands événements du XXe siècle et les journaux de l'époque*, n°33, Paris, Atlas, 1979.

- LAGRANGE (François), *Inventaire de la Grande Guerre*, Paris, Universalis, 2005.

- LE NAOUR (Jean-Yves), *Dictionnaire de la Grande Guerre*, Paris, Larousse, 2008.

- NEIBERG (Michael), *Fighting the Great War. A Global History*, Cambridge, Harvard University Press, 2005.

- RENOUVIN (Pierre), *La crise européenne et la Première Guerre mondiale*, Paris, PUF, 1969.

SOURCES COMPLÉMENTAIRES

- BALDIN (Damien), SAINT-FUSCIEN (Emmanuel), *Charleroi. 21-23 août 1914*, Paris, Tallandier, 2012.

- BECKER (Jean-Jacques), *L'Europe dans la Grande Guerre*, Paris, Belin, 1996.

- CARRÉ (Henri), *La véritable histoire des taxis de la Marne (6, 7 et 8 septembre 1914)*, Paris, Chapelot, 1921.

- DRÉVILLON (Hervé), *Batailles. Scènes de guerre de la Table Ronde aux Tranchées*, Paris, Seuil, 2007.

- FARR (Don), *Mons 1914-1918. The Beginning and the End*, Solihull, Helion & Company Limited, 2008.

- FOCH (Ferdinand), *Mémoires pour servir à l'histoire de la guerre de 1914-1918*, Paris, Plon, 1931.

- GALLIENI (Joseph), *La bataille de la Marne. 25 août-11 septembre 1914*, Moncrabeau, Éditions Laville, 2013.

- JOFFRE (Joseph), *Mémoires. Tome premier : 1910-1917*, Paris, Plon, 1932.

- JOFFRE (Joseph), *Les deux batailles de la Marne, 5-11 septembre 1914, 15-18 juillet 1918*, Paris, Payot, 1928.

- LA CHAUSSÉE (J.), *De Charleroi à Verdun dans l'infanterie*, Paris, Figuière, 1933.

- MIQUEL (Pierre), *La bataille de la Marne*, Paris, Perrin, 2004.

- VON BÜLOW (Bernhard), *Mon rapport sur la bataille de la Marne*, Paris, Payot, 1921.

- VON HAUSEN (Max), *Souvenirs de la campagne de la Marne en 1914*, Paris, Payot, 1922.

DOCUMENTAIRE

- *La Bataille de la Marne (1914)*, documentaire de Jean-François Cochet, France, 2011.

MUSÉES ET BÂTIMENTS COMMÉMORATIFS

- La cathédrale de Reims (France).

- Le mémorial de Charles Péguy et la Grande Tombe de Chauconin-Neufmontiers (France).

- Le mémorial des Batailles de la Marne à Dormans (France).

- Le monument national et musée de la Victoire de la Marne à Mondement (France).

- Le musée de la Grande Guerre du Pays de Meaux (France).

- Les tranchées de la Main de Massiges (France).

ISBN ebook : 978-2-8062-5400-9
ISBN papier : 978-2-8062-5581-5
Dépôt légal : D/2014/12603/11
Photo de couverture : *Soldats alliés dans une tranchée*, anonyme © La photo reproduite est réputée libre de droits

Conception numérique : Primento, le partenaire numérique des éditeurs